JN438334

사과를 깎으며

사과를 깎으며

| 오무임 시집 |

도서출판 천우

시인의 말

2016년을 열면서 기쁨으로 다가온 이 행복은 말로 형언할 수 없다.

2009년, 시인으로 등단하여 좋은 시를 쓰겠다고 다짐했었다. 그러나 생각처럼 쉽지 않았다. 살면서 느낀 그런 일상들을 적는 것도 시로써 표현하기에는 늘 어려움이 따랐다. 머릿속으로는 멋진 상상을 해도 막상 쓰고 나면 그저 평범한 언문(言文)이 되어버린 탓이다. 그만큼 시의 세계는 오묘했다.

그런 일련의 과정을 거쳐 드디어 오늘 이렇게 한 권의 책을 엮었다. 나의 속살을 드러내 보이는 이 순간이 무척이나 부끄럽지만 동시에 설레기도 한다.

누구나 시를 가슴에 담고 산다고 생각한다. 부디 나의 시가 이 시집을 들고 있는 누군가의 가슴속 시가 되기를 바란다. 그렇게 함으로써 살면서 부딪쳐온 나의 일상들을 함께 공유하고 싶다.

사랑하는 가족이 있어 외로움과 행복이 공존한다고 생각하기에 죽는 순간까지 사랑하며 살고 싶다. 부끄럽지 않은 시인이 되도록 더욱 노력하겠다고 또 다짐하면서 지켜봐주신 모든 분들께 사랑이 담긴 감사를 전한다.

2016년 이른 봄에

제1부

가끔씩 부는 바람

제2부

아버지와 아들

제3부

색들의 향연

제4부

가을 연가

제5부

고사리 마을

제1부

가끔씩 부는 바람

오후의 산책

가을 잠자리 한 마리 날아간다
힘찬 날갯짓을 한다

어제 같은 내일 속에
꼭꼭 숨어 있는
내 그림책을 보려고

저기 저 길 끝에
손짓하는 동무 있어
발그레한 내 숨소리
그곳으로 가고 있다

화풀이

질척거리는 마음처럼
눈이 녹아서 엉망진창이다
세상사 어지럽다고
하늘도 역겨웠나 보다
밤새 하얗게 내린 눈을
한낮에 녹이면서
화풀이를 해댄다

암

지독한 흔적을 남기고 사라졌다
목에서 폐까지 점령하였던
겁도 없는 날강도가
끝까지 가보자는 남편의 오기에
두 손 두 발을 들었다
놈을 죽이려고
서른세 번의 불화살과
세 차례의 항암 주사로
죽음의 문턱까지 들락거리며
목구멍을 넘기지 못하면
나쁜 놈에게 진다며
눈물에 적신 밥숟갈을 뜨던
피골이 상접했던 사람은 이제
나쁜 놈에게 이겼다며
기뻐하고 있다
다시는 쳐들어오지 못하도록
담장을 높이 세우고
경비병도 몇 두어야겠다
나도 이젠
한시름 놓아도 되겠지

세월

한 움큼 솎아다가
된장국 끓여 먹고
또 한 움큼 솎아서는
나물 무쳐 먹고
그렇게 먹어 버리니
남은 것이 얼마 없지
씨앗이 있다면
다시 뿌려서
두고두고 보기만 하다가
우리 임들
열매 맺을 그때까지
솎아 먹지 말아야지

솎아 먹은 그 자리는
무엇으로 채워서
푸르름의 물결을 다시 볼까나
아마도 금년 내에는
어려울 듯하이
다시 태어난 그 세월엔
아껴서 먹어야겠네
하지만 나는 지금도
야금야금

속절없이 먹고 있는
이 세월 앞에
유정도 무정도
그냥 지나가 버리는구나

소식

가시나야 날짜 잡혔데이
이번에는 꼭 와야 한다 아이가
얼굴 이자뿌겠다
손자 보는 데 바빠가 전화도 몬했다
그러이까네 꼭 온나
영감한테 밥 챙기 무라카고
자고 가야 하이 반찬도 챙기놓고 온나
동기회도 해마다 아아들이 준다 아이가
이래저래 가는기라
살았을 때 얼굴 한 번 더 보재이
머시마들이 많더마는 인자 가시나들이 많은 거 겄다
세월은 몬 속인다 카더마는
그 말이 딱 맞제

손전화

시가 한 줄 웃고 있다
남편이 보낸 문자 편지다
사랑이 묻어나는 한 자 한 자가
내 삶의 주름을 다림질한다
그 여름 내내
쉴 새 없이 뜀박질하던
심장의 박동 소리가
이제 잠을 자려나 보다
가을을 걸어가는 그의 음성이
이른 봄날의 햇살이 되어
내 안을 누비고 있다
조금 더 일찍 그 햇살이 내렸다면
아마
지금의 이 따뜻함을
알지 못했으리라
구름 속의 햇살 하나
이렇게 깊은 골을 메울 줄이야
그래, 살다 보면
이런 날도 있는 것을

항암 주사

병실은 많다
그래도 빈 침상이 없다
암 환자들이 가득하다

한 사람이 누울 정도의 침상과
보호자가 앉을 의자 하나
침상 끝에 텔레비전이 달렸다

어느 침상에서
한숨 섞인 신음소리가 들린다
또 다른 침상에선
코 고는 소리가 편안하다

달그락거리는 고통의 소리
혈관을 타고 들어가는 말 없는 희망
친절한 안심 섞인 대화들
그 모두가 나만이 아닌 것을 알린다

짜증을 내면서도 금방 후회하는 환자
암이 발각되어 더욱 고통 받는다고 생각하는

순수한 생명들이
지금도 신체의 한 부분에 바늘을 꽂은 채
무상무념으로 항암 주사를 맞고 있다

봄

길가 양지바른 곳에서
질경이가 기지개를 켜고
봇도랑은 좋아서 졸졸졸
노래를 하네
할머니 허리춤에 쑥 흔들며
춤사위 요란하고
동네 강아지들 봄마중 가네
아지랑이 날아다니며
온 동네 인사 다니지
먼 산꼭대기 동장군은
삼십육계 줄행랑

보름달

가슴 가득 행운이 담겼나 봐
수많은 사람들이 두 손을 모으고
사랑하는 이유를 밝히고 있어
나도 그 틈에 살짝 두 손을 모았지
보름달을 빨아들일 듯이 힘을 주고서
내가 사랑해야 하는 이유를 밝히려 했지
하나 둘 꺼내다 보니 너무 많아
가만히 꿀꺽 삼켰어

가끔씩 부는 바람

생각 없이 뱉은 말에
태풍의 눈이 있을 줄이야
너와 나는 엄연히 다름을
또 잊었더란 말인가

더는 안 되겠다 하면서도
언제 그랬느냐며
또 생각 없어지는 우리
잊을 만하면 찾아오는
회오리바람

아직도 갈 길은 먼데
생채기 멎고 새살 돋아
잔잔한 파도 위에
함께 노 저어 닻 내리는 날
있으려나

변심

닫아버린 너의 마음에
뜨겁고 환한 불을 지펴 보려고
불쏘시개를 한 아름 쌓아 놓고
애써 불을 댕겨 본다
무릎 꿇고 엎드려
코가 땅에 닿을 듯 후우 후우
입바람을 불어 보지만
도대체 불이 붙지 않는다
이런 꽉 막힌 굴뚝
이런 캄캄한 절벽이
내 평생의 숙제처럼 놓여 있다
처음부터 막혀 있던 굴뚝이던지
아니면 내가 준비한 불쏘시개가
불이 붙을 수 없도록
엉망으로 젖어 있었는지도 모른다
눈물과 콧물이 범벅이 된 채로 너에게 묻는다

시여, 내 영혼의 빛이여
너는 언제쯤이나
나와 함께 불이 되려는가

심술

휘리릭 달려오더니
상의를 홀딱 벗긴다
미처 하의를 여미지도 못한 나무가
벌벌 떨고 있는데
다시 휘리릭 하고 달린다
저런,

하의마저 벗기곤
저만치 달아나는
바람의 등이 휘었다

유언비어

갑자기 날아든 돌덩이가
가슴을 찢고 머리에 뚜껑을 만들었다
어디서 날아왔는지
출처도 찾을 길 없이
온 하루를 헤매더니
가슴에 앉는다
오래도록 서릿발로 아프게 한다

길가 양지바른 곳에서
질경이가 기지개를 켜자
누군가가
'어머 미나리가 나왔네'
한다

춘설

— 봄눈

그대
어쩌자고 불현듯 찾아오셨는가
장독대에도 툇마루에도
그대 흔적 남아
혹여 누가 볼세라
열심히 쓸어안아 보지만

아무래도
오늘 밤은 보내기 어려워
남아 있는 그대 모습
감싸 안은 채
아랫목에 자리 깔고
등이라도 지져볼까 하네

추억의 눈길

설날 아침
아버지께서 생전에 입으시던
옥양목 두루마기가 펼쳐진 듯
온 세상이 하얗다
그 위에서
한참을 묻어 두었던 추억들이
두루마기 자락처럼
펄럭인다
기억 속에 잠자던 지난날들이
새록새록 살아나고 있다

세뱃돈의 행복을 가득 품고서
얼음 박힌 시골길 이십여 리 걸어
외갓집으로 가던
그 설날까지도
콧날을 쫑긋 세운 버선발로
자박자박 걸어가던
내 어린 날의 자국들이
지난밤 살며시
아버지의 뒤를 따라
자박자박 걷고 있다

동무

느낌이 다르다
오래 묵은 소중한 내 것은
잃었다 찾아도
역시 나의 것이다
유년의 추억을 공유하는
눈 감고도 아웅이 되는
그런 토종꿀 같은 존재
어릴 적 내 동무

제2부

아버지와 아들

단추

툭 하면 떨어진 단추 하나를 내미는 남편
살면서 어디 떨어진 것이 단추뿐이랴
어쭙잖은 일들로 떨어지는 마음들은
또 얼마나 많은가
그럴 때마다
실로 꿰어 다독이며 살고 있지만
다시 툭 하고 떨어지는
단추 같은 마음들

단추를 내미는 남편의 얼굴에
단추만 한 구멍이 뚫렸다

시험

눈앞에서 결정해야 하는
한 가지의 답을
우리는 늘 정하면서 살고 있다
태어나 늙어서 죽는 그날까지
우리는 선택을 한다
그리고는
늘 후회를 하지
아~ 잘못 찍었어!
오늘도
커다란 시험지를 앞에 놓고
힘겹게 답을 찾고 있다

아버지와 아들

가을이 무르익는 무술공원
아버지와 아들이 자전거를 탄다
아버지의 시선은 온통 아들의 곁에서 머문다
아들은 질주에 정신이 없고
아비는 아들이 다칠세라 정신이 없다
산책을 나온 눈들이 힐끔거린다
자전거 바퀴에 이야기들을 채우고
그렇게 부자는 돌고 있다

골목 사랑방

우리 아파트에 사랑방 하나
아파트 사이의 나무들이 자라서
숲을 만든 빈터에 들마루 하나 놓았을 뿐인데
사랑방이 되었다
그곳은 근심과 걱정, 웃음들이 어우러진다
아니, 따로따로 놀다가 어울리고 있는 중이다
그 귀퉁이에 내 마음도 살짝 걸터앉았다

지나가는 마음들이 한 마디씩 던지는 인사들
'아주 시원하겠네요'
이야기보따리를 풀어 놓고 싶은
애정 어린 눈빛을 보낸다
어린아이를 내려놓고 한숨을 돌리는 할머니도
들마루를 가만히 쓸어 본다
그 손끝으로 한숨과 웃음이 조금씩 흩어지고 있다

하루를 마치며 삶에 지친 마음들이
한 번씩 돌아보며
사랑방의 손님들이 부러운 모양이다
옥수수와 수박이 펼쳐진 우리네 사랑방엔
지는 해도 아쉬워 머뭇거리고
지나가는 실바람도 신이 나서 춤을 춘다

외등 불빛 주위로 맴도는 하루살이도
사랑방 손님들을 먹으려는 모기들도
쏟아지는 파안대소에 동참을 하고
연신 들락거리는 사랑방 손님들의
오가는 정에
둥실거리는 달님도 웃게 만든다

간병하는 아내

모락모락 피어나던
정겨운 대화는 어디로 갔을까
짜증이 넘쳐 진동을 하는 실내에서
그와 나는 단둘이 숨죽이고 있다
설핏 크게 터질까 봐
서로가 조심하는지도 모른다
아직도 먼 이 길은
아픔이 파도를 타고 바위에 부서지듯
그렇게
나는 말 없는 바위가 되어
부딪히는 역할밖에 할 수가 없다
혹여
흩어진 통증이
선부른 한 마디에
커다란 파도가 될까 봐

장날

어둠을 걷어내는 햇살처럼
환한 미소들이
꼬집어 할 일은 없어도
바쁘게 휘젓고 다닌다

노점에 놓인 것들이
모두 내 것인 양 싶어
이리저리 기웃거리다
맘에 드는 물건 하나 골라잡는다

주머니 털어 장만한 꽃 신발
좋아하실 어머니의 모습에
벌써부터 마음은 집으로 가고
파장의 소란스러움이 정겹기만 한데

다음 장날에 다시 만날 약속을
등짐에 가득 담고
해그림자에 매달린
정 하나

태풍의 눈

무슨 태풍의 눈이 그렇게 생겼느냐고
혼자서 되묻는다
어제 함께 얼굴 마주보며
맛있게 식사하던 그 얼굴이 태풍의 눈이라
수십 년을 맞이했던 그 태풍보다
강도가 조금 약해지긴 했으나
그래도 바람은 세기가 있네
한꺼번에 토해내던 그 바람은
온기를 말끔히 쓸어버린 쓰나미였지
아직은 그 후유증이 을씨년스럽지만
빠른 시간에 복구가 되긴 하지
잔잔한 파도처럼 생채긴 내지 말자
복구가 되더라도 딱지는 남기 마련이니까

어머니와 아버지도
할머니와 할아버지도
그리고 수없이 많은 마음들이 다치는 그런
태풍의 냉기는 싫거든

노란색 스웨터

어머니께서 지금의 내 나이 때에
멀리서 사는 딸이 보고 싶어
밤잠을 대신하여 뜨개질한
노란색 털실로 만들어 주신 스웨터 한 장
아직도 어머니의 숨결이 느껴지고
그 체온 간직하고파
딱 한 번 입어본 그 옷
장롱을 열면 연노랑의 어머니 사랑이
자애로운 미소로 반긴다
가만히 품어본다
어머니의 사랑은 아직도
뜨거운 온기로 남아 있다

세월호

차가운 물속에서
친구들의 목소리가 들려요
엄마와 아빠의 모습이 보입니다
시간이 흐르면서
구원의 손길은 보이지 않아요

배가 고파요
추워서 정신이 없어요
아직
우리들의 살려 달라는 목소리가
들리지 않은 것인가요

엄마 아빠 보고 싶어요
선생님 친구들 우린 죽기 싫어요
차갑고 검푸른 물결이
숨을 쉴 수 없게 해요

무서운 이 시간을
빨리 벗어나고 싶다는
사랑하는 아이들의

아우성과 눈물이
온 세상을 적십니다
진도의 바닷물은 말이 없습니다

* 2014.4.16. 세월호 사건.

사과를 깎으며

나는 지금 사과를 깎으며
내 젊음의 향기를 맡는다
벌레 먹은 사과가 더 맛있다며
흠집 가득한 사과를 요리조리 재단하여
노란 꿀이 섞인 싱싱한 쪽만 잘라 주시던
어머니의 맛까지

나는 지금 사과를 깎고 있지만
세월을 깎고 있는지도 모른다
풋풋한 향을 넘치도록 머금고
삶의 저쪽에서
아직도 나에게 미소 짓고 있는
그를 만나고 싶어서

나는 지금도 사과를 깎는다
작은 사과 한 알을 깎으면서도
넘치도록 피어나는 향수에 젖고
잡힐 듯이 안겨오는 지난 세월에
발갛게 익어버린 너를 만지며
뜨거움을 느낀다

나는 아직도 사과를 깎고 있다
추억 한 껍데기
그리움 한 껍데기
그리고 눈물 한 껍데기를
발가벗은 속살은
아름다운 사랑 덩어리가 되어
내 가슴에 하얀 꽃 피운다

미완성

역시 올해에도 그렇다
해마다 마무리는 없었다
서까래 두어 개 올린 것이
작업의 전부였다
또다시
내년으로 미루고
이젠 계획도
게으름이다

그래도 새벽은 온다

— 김영삼 대통령 영면하신 날

참 아슬아슬하게 이어오신
세상의 계절마다 투혼의 정신
이어받을 자 눈에 보이지 않아
눈도 닫고 입도 닫으셨네
민주화 부르짖던 인연도
여섯 해 전에 영면하셨으나
아직도 이 나라엔 믿을 기둥 보이질 않아
참고 기다렸건만
오락가락 입으로만 하는
정신 한 오백 년 나간 인사들뿐
차라리 내가 떠나고 말자시며
새벽 영시를 조금 넘기시더니
영면에 드셨다는 소식에
세상이 온통 눈을 뜨고
이제야 그 말씀을 다시 새기고
반성의 입술로 회한을 논하더라

*삼가 고인의 명복을 빕니다. 2015.11.22. (음 9.11.) 0:22 88세.

포로수용소

거제도에 있는 포로수용소
그곳에서는 침묵의 아우성이
보는 이들의 가슴을 찢고 있었다

수많은 관광객들의 눈으로 들어오는
마지막 순간과도 같은
피투성이의 외침은 붉은 암흑을 만들었다

그 고통의 심장 소리와
뜨거운 원한의 눈빛이
지금 이 시각을 붉게 물들인다

삶의 몸부림에 터지는 살갗들이
서서히 녹아내려
오늘의 자유 하늘을 펄럭이고 있지 않을까

내가 가진 한 톨의 이 행복이
저들의 거친 숨소리에서 싹이 터
파란 잎들을 보게 된 것은 아닐까

수갑을 풀어주고 내려오는 내 발목을
무엇이 자꾸 잡아당긴다

바람난 생각

— 치매

어디로 갔을까?
아무리 찾아도 보이질 않네
무슨 마음으로 꽁꽁 숨었는지
알 길이 없으니
차라리 어디 좋은 곳에서
호강이라도 하고 있길 바라자
네가 없는 나는 또
어디로 가야 할지
요양원에서 생각 없는 삶을
주저리주저리 읊다가
들것에 실려 네가 돌아오길 빌다가
잠이 들지도 몰라
영 원 히

놀이터

그곳에는
낯익은 얼굴들이 놀고 있다
땅따먹기 하는 내가 있고
구슬치기 하는 석수도 있다

가끔씩 다툼에 지쳐
울음보를 터뜨리는 조무래기들이
그 세월에 그냥 남아 있다
가고 싶다

해 질 녘 즈음이면
뿔뿔이 헤어지던 뒷모습들이
별빛처럼 반짝이고
소꿉놀이 그릇들은 뒹굴고 있다

그곳엔 아직도
모래밭에 남겨진 발자국에서
코흘리개들의 웃음소리가
왁자지껄 쏟아지고 있다

지금도 보인다
부딪히는 맑은 웃음소리들
오후의 햇살이
그 얼굴들을 하나씩 비추고 있다

겨울 장미

간절한 몸짓으로 유혹해 보지만
누구 하나 눈길 주지 않는
철 지난 꽃송이
온몸으로 호흡하듯
훌훌 벗어 던진 알몸으로
다소곳이 앉아 그 위로
진홍빛 심장을 뛰게 한다

가버린 시간을 향해
서러움에 목 놓아 울던
한 송이 겨울 장미는
가느다란 향기로
지나가는 나그네의 눈가에 매달려
애잔한 미소로 돌아오고

돌아서서 흘리는 눈물은
아름다운 향기로
어느 양지바른 날에 다시 태어나
지나버린 시간을 잊지 못한
지금의 그 모습이
진실로 사랑이었음을 알게 하리

제3부

색들의 향연

코스모스

가을과 코스모스는 원 플러스 원이다

코스모스를 만나는 순간에
흑백필름이 돌아가고
해거름의 발길이 바쁜 아이들의 손에
공책과 연필이 들려 있다

가을 운동회는 추억이 넘실대는
유년의 마지막 등불처럼
코스모스 단어 하나로
추억을 밝힌다

잊어버릴 즈음이면
어느새 가을은 성큼
코스모스를 앞세우고
환하게 웃으며 찾아온다

내 어릴 적 시간들을 데리고

살면서

울었다 웃는다
아침 다르고
저녁 다른 우리네 마음이
늘 같을 수야 없겠지만
그래도 희망을 갖고
열심히 살아
저세상 사람 되는 날
잘 살다 갔다는 말
한 마디는 들어야지 않겠는가

행복

깃털처럼 가벼운 몸과
구름 위에 앉은 마음으로
세상을 보며
눈으로 마음으로
꽃피우리라
입가에 번지는 미소는 아들이고
눈가에 잡히는 미소는 딸이며
온몸으로 느끼는 향기는
행복이 피운 또 한 송이
사랑의 꽃이어라

하루

저만치 가는 너를
애써 붙잡고 싶진 않구나
너를 쌓으면 역사가 된다고 하지
아름답고 행복했던 시간들이
너를 따라 가버려도
오늘은 너를 행복하게 보낼 수 있어
참 좋다

포도주

황홀한 몸짓에
눈웃음 짓는 너
자줏빛 입술에 살며시
키스를 해본다
나의 몸 전신으로 너를 흘려보내고
너는 나를 옭아맨다
너에게 내어준 나는 호흡이 가쁘고
꿈결인 양 시간 속에 머문다
허우적이는 숨결은 온몸을 달구고
비로소 너를 알게 된다
얼마나 시간이 지났을까
너에게서 벗어난 나는 온몸이 촉촉이 젖어
나른함에서 헤엄친다

첫사랑

그때
나는 말도 안 되는 이유로
당신을 사랑했었고
그 말도 안 되는 이유로
우린 헤어졌었지
아카시 꽃이 흐드러지게 피는
이맘때쯤이었지
이제와 돌아보니
첫사랑은
노란 민들레꽃 같은
거였어

지팡이

세상을 한 손으로
꽉 움켜쥐고 비틀거린다
터져 나오는 웃음소리
바람 속에 흩어지고
박장대소하던 그 순간을
등허리에 매달았다
지구를 움직이는 걸음 사이로
언성 높여 힘써 보지만
그 세월
자꾸만 자꾸만 맴돌아
안간힘 써 보지만
바람도 지나가다 돌아보고
비웃듯이 서 있다
아, 이렇게 늦지 않아도 될 것을
미로 같은 길 늪에서
미치광이처럼 살다가
이제야 귀도 눈도 밝아진 듯
더디게 더디게 걸으면서
빤히 볼 수가 있어
더 많은 것을
더 많이 볼 수가 있어

색들의 향연

미동산 수목원의 가을은
올라갈 때의 색이
내려올 때엔 낯설다

시월을 보내는 이맘때쯤이면
수목원의 뜰은
크레파스로 쓱쓱 문질러 놓은
스케치북이다

결혼

어느덧 서른 해를 넘겨
가정을 꾸미려 한다고
손전화로 동생이 목소리를 보낸다
기저귀를 갈아주던 시간들이
퇴색되어 다가오며
고모의 늙음도 과시해야 한다
그땐 청춘의 아픔도 있었지만
이젠 할머니의 순위로 밀려나
봉투나 두둑이 준비해야겠지
행복의 잔소리도 섞어서
축하의 메시지를 전한다

하얀 마음

아무 생각도 담기지 않은
그런 하양이면 좋겠다
미움도 갈등도 느낄 수 없는
깊은 계곡을 따라 흐르는 참물이면
더욱 좋겠다
지나가는 누군가의 허기진 배를 채우고
타는 목을 적셔주는
깨끗한 존재의 필요를 가진
그런 마음 하나이면 좋겠다
내가 아니면 너는 안 돼!
국민은 안중에도 없는
권력을 위한 썩은 국회에서
허물을 벗고
우리를 위한 그런
세상이 오면
이 또한 더욱 좋겠다

수영장에서

하나의 몸짓으로
생각들을 버릴 수 있고
순간의 실수로 물을 먹는다
두 팔을 열심히 돌리며
세상을 등에 업고
밑으로 더는 내려가지 않으려
두 발을 동동 구른다
갇힌 공간에서 세상을 논하는
수족관의 물고기처럼

새참

듣기만 해도 배를 채울 정겨운 말

지금도 눈에 밟힌다
미역을 넣은
찹쌀 옹심이 국은
할머니의 손맛

두런두런 논둑에 앉아
흙이 잔뜩 묻은 이야기들이
입속으로 들어가
허기를 채우며 환하게 웃었지
낮달이 희미하게 웃는
고향 논두렁길

마음

어디로 보낼까?
갈 곳이 없구나
지금의 자리에서
멀리멀리 보내고 싶어서
이리저리 둘러보아도
옮길 수 없으니
그냥 그 자리에서
곪아 터지자꾸나

달

문득
하늘에서 웃음소리 들리는 듯하여
고개를 젖힌다
환하게 웃는 달님의 모습에서
나도 덩달아 웃는다
한 해가 저무는 동짓날 저녁
친구들과 함께
장독대의 팥죽이랑
김칫독에서 김치를 꺼내
옥자네 뒷방에서
손으로 김치를 찢어
팥죽을 나누어 먹으며 웃던
그 웃음소리 따라
바라다본
동짓날에 뜬 달

쿠데타

생각을 머리에 이고
손과 발에 명령을 해보지만
쿠데타다
물속으로 처박더니
수영장의 물을 온몸으로
퍼 나른다
피가 거꾸로 쏟아지더니
어디에 맞은 듯
두 쪽으로 쩍 벌어지는 느낌이다
물 밖으로 나와 관람객으로
숨 고르기 하는데
인어처럼 고래처럼 춤을 추는
무대의 무희들이
한없이 부러워
다시 풍덩하였더니
발차기는 잘 배워야 한다며
선배님들의 한 수 가르침에
또다시 콧구멍 속으로 수영장을 삼켰다

입학식

잔뜩 멋을 부린
노란 병아리들
솜사탕이 되어
눈에서 사르르 녹는다
무슨 생각들을
커다란 가방에 가득 담고
두려운 눈빛으로
엄마의 손을 꼭 잡더니
낯선 사람들 속에서도
금방 친해지는 또래들끼리
몸으로 부대끼며 장난질이다
교장 선생님의 호령에
잠시 주눅이 들지만
그래도 예쁘기만 한
꽃 몽우리들이
눈망울을 굴리며 눈을 맞추자
싱긋 웃는다

아이들의 머리 위로
하늘도 기쁜 장난을 치는 걸까
먼 미래의 햇살을
미리미리
눈부시게 쏟아 놓고 있다

제4부

가을 연가

낙엽

가만히 헤어지려는 너를
바람이 소문을 내고 말았어
아마 그 바람이 아닐까 해
이별의 아픔이 채 가시기도 전에
몇 줄의 이유로
너는 잊혀지게 되지
되돌아갈 자리 어디인지는
아직 아무도 모르지
퇴색으로 꽃피울 사랑
그 어디에 있을까

독거노인

하루가 저물게 되면 점점이 켜지는 꽃불들
내려다보거나 올려보는 중간층쯤에서
날마다 반복적인 일상으로
아무도 없는 삶 안에서
지나간 세월을 기다린다
하교하는 아이들과
퇴근하는 남편을 위하여
불을 밝혀 음식의 향연을 준비하는
사랑스러운 아내의 자리에서
이제 음식은 그저 삼키기 위한 움직임일 뿐
간 보기도 싫은
머언 뒤안길의 여정에서
그렇게 변함없이 하루를 기다림으로 채우시던
독거 어르신

혼자 자고 혼자 일어나
혼자 밥을 먹고
진종일 베란다 복도에 나와
오고 가는 사람을 보던
할머니

이제 기다리던
세월의 줄도 툭 끊어졌다
잎도 말라비틀어진 화분 하나
이제 네 차례다

달그림자

언제나 그 자리에서
비춰주고 있을 줄 알았어요
그래야만 나는
그림자가 되어 함께할 줄 알았지요
그런데
그림자가 사라지는 낮달이 되어
있는 듯 없는 듯 그리움에 젖네요
나보다 더 나를 빛나게 하는 달빛이
구름 속으로 들어갑니다
아무도 모르게 그림자를 반겨주는 달
헤어지는 아픔이야 견딜 수 있겠지만
잊어지는 슬픔은 달랠 길이 없어
오늘도
마음 하나 헤맵니다

겨울비

그리움의 눈물인가
어머니의 흐느낌처럼
하늘은 종일 어두운 빛으로
조용히 비를 뿌린다
생전의 어머니께서
겨울비 오시는 날엔
김치전을 부치셨다
외로움을 섞어서
입으로 넘기시던
긴 겨울밤엔
목메임을 달래주던
막걸리 한 사발
그리움을 삼키는 소리
빗소리에 섞여
아직도 들린다

가을의 중간에서

그래서일까
왜 이렇게 생각이 많을까
낙엽이 만들어지는 과정일까
아직도 성성한 몸과 생각들이
자꾸만 흩어지려 한다

갑자기 친구가 그립고
마무리에 초점을 맞추게 되고
입을 닫게 되는 과정들이
숙성이 다 된 것들을
어디에 담아야 할 순간처럼

눈을 감아도
거리를 걸어도
누구를 만나도
마음이 열리지 않고
옷깃을 여미게 된다

가을바람

어루만져 주는 손길이 사랑스러워
뒤돌아보자
저만치 달아나더니
언제 왔는지
낙엽 하나 슬며시 밀어주곤
사라진다
그대
아직도 나에게
그 느낌 그대로
지켜보고 있는가
사랑스러운 장난꾸러기

가을 연가

붉어 가는 대추를
한 입 베어 물었다
달콤한 가을이 입안에서
사르르 녹기 시작하더니
몸 전체가 가을 향기다

코스모스 지천 속에
물밑으로 나부시 피어
흑백사진 추억 속에 함께 가자고
가만가만 속삭인다

높은 하늘 두둥실 저 구름은
누구의 마음을 꺼내 놓았나
부끄러움을 들킨 소녀의 얼굴이어라

짧지만 뜨겁고
시원한 사랑으로
동네방네 씨앗만 뿌리고
혼자서 불타는 달콤함이여

가을비

왜 그렇게 슬프게 우는지
듣고 있는 사람의 마음까지 때리며
옷깃을 여미게 한다

어디에서 무슨 일이 있었느냐고
누가 묻지 않아도
알아서 훌쩍이는 쓸쓸한 눈물

그 눈물 그치는 즈음엔
말하지 않아도
기다리는 마음 키우고 있겠지

11월
— 가을

어중간하게 다가온 너의 사랑 앞에
내 모습은 어땠을까
정리되지 않은 사진첩에서
막 튀어나온
그래서 웃지도 못하는
그런 모습이었겠지
그러나 지금도 정리되지 않은 난
널 찾고 있어

언제나 옷깃을 여미지도 못하고
너를 받아들였어
그런데
그런데 너는
긴 밤을 기다려 주지도 못하고
떠날 채비를 하였지
난 너를 붙들지 않았어
네가 가는 곳마다 불타는 사랑이 있었으니까

짧은 너의 사랑에
온몸이 타들어 가는 것을 알면서도
오직 한순간의 행복을 위해
나는 이렇게 너를 기다리고 있어

다 타버린 나의 전신을
너는 돌아보지도 않은 채
다시는 오지 않을 듯이
가 버렸지

바람

가을볕이 좋아서 따라나섰다
하늘도 종종걸음으로 함께 걷는다
사람들이 쉬어 가라고 놓은 벤치에
바람은 앉으라고 나를 밀었다
손에 잡은 책을 펼치자
함께 놀자는 듯 바람이 책장을 덮는다
마음이 헛헛하여 걷기 시작하자
하늘도 바람도 노래를 부른다
그러지 말라고
속상하지 말라고
행복하게 살자고
바람이 어느새 내 마음까지 쓸어본 모양이다

가을은 떠나고

나무들이 옷을 벗었다
앙상한 가지엔 안타까움이 매달리고
아직도 온기를 느끼던 꽃들은
바들바들 떨고 있다
주위에는 키다리 억새들이 옹기종기 모여
서로의 몸을 부비고
철없는 풀들은 아직 푸른색으로
지나가는 길손들의 눈길에서
동정심을 찾는다
말 없는 바람이 툭 건드리며
나뭇가지의 안타까움마저 움츠리게 하니
아~ 이 가을의 헤어짐이 실감이 난다

푸념

그대
무엇이 급하기에
아직 마무리 못한
농부의 마음을
이리도 바쁘게 한단 말인가
허리 한 번 펴게
너무 서두르지 말게나
촉촉이 먹은 물기가
마무리를 더디게 하지 않던가

이별

어저께 온 줄 알았는데
온 산천을 불태우고
떠날 채비를 한다
가랑비 흩날리며
옷깃을 여미게 하고
하늘이 내려앉더니
어느새 등을 내민다
구름도 덩달아 달린다
저만치 가는 저 가을을
내년에 다시 보려는지
노인도 젊은이도
기약 없는 이별일세
가을은 그리움만 두고 가네

바람의 향기

코스모스 꽃들의 손짓으로
유년의 가을이 달려온다
바람이 쏟아 놓은 향기 따라
성큼성큼 다가온다

청군, 백군 띠를 머리에 질끈 묶고
운동장을 돌고 있던 계주들도
이곳으로 방향을 돌린다
미루나무 그늘에 자리 깔고
군밤, 찐 계란, 고구마 등을 풀어 놓은
할머니 어머니 아버지까지
흑백사진처럼 모두 모였는데

빈 운동장엔 바람만 돌아다닌다

은행나무

그렇게 예쁜 옷을 입으려고
온 여름 속을 썩였더냐
샛노란 저고리가 나풀거릴 때
정녕 아픔이어라
구린내를 풍기며
만들어낸 너의 완성이
꼬치에 묶여
세상을 씹고 있구나

낙엽의 꿈

스쳐 지나가버린 인연에도
낙엽은 있었겠지요
바람에 이끌려
수없이 구르다가
끝내는 밟혀 뭉그러지고
가을이 흘린 눈물에 흠빽 젖은 채
땅속으로 잔잔히 스며들어
어느 한 뿌리 끌어안고
사랑에 빠져버린
그런 낙엽 있었겠지요

제5부

고사리 마을

어머니의 핸드백

구슬이 촘촘히 박힌
그냥 그런 핸드백을
어머니는 아끼고 아끼신다
며느리가 생신날에
선물했다며
온 동네 친구들에게
자랑하시던 그 핸드백을 들고
어머니 오늘도 마실 나가신다

장터 나들이 가셔도
입이 닳도록 자식 자랑 며느리 자랑
구슬 핸드백 하나 깃발처럼 들고
어머니 오늘도 저 햇살 속으로 걸어가신다

어머니 뒷모습 한 자락에도
나는 자꾸만 눈이 부시고

어머니

아침에 일어나시면
담배부터 찾으시던 어머니
물 한 잔 마시고 태우시라고
잔소리하는 딸에게
알았다고 고분하시던 어머니
남편과 산 세월보다
혼자의 세월을 더 많이
가슴에 담으신 어머니
그 담배와의 인연을
무릇 자식인 내가 어찌 안다고
태우라 마라 하였던가
남편이었고 속사정을 털어놓을
유일한 벗이었거늘
어머니 가신 후에야
그 담배 연기까지 그립습니다

그리움

높은 하늘을 보다가
아버지 얼굴이 보였다
구름 위에 앉은
어머니의 미소가
마음 안에 있는
구름들을 데려간다
무슨 생각을 그리 골똘히 하느냐는 목소리가
바람에 실려 귓전에 멈춘다
잊을 만하면
찾아오게 만드느냐고
호통을 친다
살랑거리던 바람이
어디론가 떠날 채비를 한다
먹구름 사이로 부모님이
손을 흔드신다

꿈속의 아버지

추억이 깃든 언덕을
눈물 나도록 그리운 단어로
소리쳐 부르며 달렸으나
부서지는 파도처럼
눈앞에서 사라진다
애절한 외침의 소리는
물거품으로 흩어지고
그리움은 부서진다
당신께서 사신 세월보다
훨씬 더 많이 살고 있는
딸의 꿈 안에서
멀리 침묵으로 어루만져주는
아버지의 그 사랑
바닷속 깊이 가라앉는다
나는 또 그 그리움을 건지고 있다

긴 밤을

혼자서 뒤척이는 오랜 시간들이
사위어 가는 세월이었음을
몰랐습니다
어머니의 그 기나긴 밤들이
얼마나 고통의 시간들이었음을
몰랐습니다
넘실거리는 열정을 삭이는 아픔이었음을
몰랐습니다
그래서 몸을 혹사시켜
잠들기를 간청하셨음도
몰랐습니다

어머니께서 이제 영면하시어
긴 밤이 평안하실 즈음에
제가 후회의 눈물로
긴 밤을 맞게 될 줄
몰랐습니다

창문에 어린 어머니의 미소가
이제 그만 자라고
다독여주는
이 밤
어머니가 참 그립습니다

그림자

노인 병원 복도 끝에 휠체어는
특별한 강연 무대
어느 날엔 할머니가
또 어느 날엔 할아버지가
닫힌 창밖으로
지난날의 아픔들을 토해 놓는다
누구에게도 말하지 않았던 그 사연들
주저리주저리 쏟아 놓으면
노인들은
안 듣는 척 듣고 공감한다
수십 년을 보내고도
털지 못한 앙금들이
날마다 조금씩
흩어지는
응어리들의 그림자

기우는 달

저만치 가는 달을
붙잡아 본다
까치발을 딛고 손을 뻗어
잡았더니

세상에나
너도 나도 매달렸네

시력

내 눈은 흐려지는데
더 자세히 보이는 것이 있다

가끔 만나는 어머니 같은
노인을 보면서
말할 수 없는 슬픔을
나는 보았다
저 노인의 겉모습에서
나날이 변해가는 세상과의 이별을
준비하는 것이 보인 것이다

그렇게 많이 살지도 않은
중년의 나의 눈이
자꾸만 시력을 잃어
자세히 볼 수가 없는데
건드리면 무너질 것 같은
하얀 눈꽃에서
침묵하는 아픔이 보인 것은

그것은 내 눈이 아닌
내일로 가는 길목에 걸어 둔
외로운 등불의 비추임인가

아니
삶의 끝자락에서 웃음 짓는
눈가에 매달린
거울이었어

꿈

눈을 뜨지 말았더라면
비몽사몽에서도
충분하게 아쉬웠던 시간이
현실에서는 한낱 꿈이었다
이어서 다시 꾸고 싶어
눈을 감아보지만
맴도는 하나 있어 잠들지 못하네

고사리 마을

아직도 흐르고 있는가
태화강 줄기가 바다와 막 만나게 되는
고사리 다리 밑의 물결아
단발머리에 부끄러움을 감추고
물놀이에 정신이 없던 시간들이
차곡차곡 쌓여
붕어를 잡은 손이 높이 들렸구나
아우성 소리 갯바람에
이곳까지 찾아오니
눈을 감아도 보이는
아련한 추억이 멈춘 곳
내 고향 고사리 마을

거울 앞에서

날마다
외출 준비를 할 때나
머리를 매만질 때엔
어김없이 거울 속엔 어머니 얼굴
살아가면서
어머니의 모습으로 변해가는
중년의 그림자
나는 그때
이 그리움을 왜 몰랐을까
활짝 웃는 모습 앞에
철부지였던 내가
웃고 있다

쓸쓸한 기억

하루도 그냥 지나가지 않고
먼 곳으로 달아나는 세월아
앞으로 가면 뒷모습이라도 보련만
어찌하여 너는 슬그머니 사라지는가?
새벽에 걸어둔 달력은
장마다 사연을 담아 그리움을 만들고
떼어내는 내 손이 아픔으로 젖는구나
다시는 만날 수 없는 안타까움
너는 알고 가는지
오늘도 세상에서 갖가지 사연으로
묻혀가는 기억들이

눈을 감게 하는구나

쑥

어느 세월에 다시 만날까

못 잊어 말라 버린
허물을 뒤집어쓰고
뽀얀 속살을 내밀고는
다소곳이 웃는다
마음을 들켜버린
첫사랑을 만난 그 순간
이렇게 수줍었을까
살며시 고개 숙인
춤사위가
바람 때문만은 아닐 터
잊지 못한 지난 세월이
그리워서이겠지

아마도 아직도
기다려 주는
그 사랑 있기에
속살 내밀며 웃음 짓는 게야

어설픈 소망

시간이 멈추어버린 듯
가슴 한곳에 자리한
그리움이
날마다 그 무게를 더하고 있다
낙엽을 보아도
높은 하늘을 보아도
살랑거리는 바람결에도
통증을 준다
애써 잊으려 하면
눈물이 합세를 한다
잃어버린 그 시간들이
다가올 시간들을 두렵게 한다
이제 그만
내 안의 그리움들을 잊고 싶다

봄 향기

강
강가에 서면
나는 강물이 된다
저쪽 끝에 서 있는
그가
손짓을 하니까

봄
봄은 이미 내 안에 와 있었다
어제도 아니고 그제도 아닌

아주 오래전에
아카시아 향을 풀어헤치며
내 영혼에 낙서를 하더니
그리곤 내 안에 똬리를 틀었다

해마다 오는 봄이건만
잊을 만하면 찾아오는
봄의 향기

파도

오랜만에
실로 오랜만에 너를 만나
처음 느낀 그대로 너를 안는다
넘실거리는 너의 혀끝에서
하얀 추억들이 쏟아지면
돌아서야만 했던 그 순간이
눈앞으로 다가온다

뼛속까지 시려오는 너의 전부를
느낌으로 간직한 채
보내야만 했던 너를
기다림의 끝에
오늘 다시 안아 본다

시인은 언어의 꽃을 피워 감동의 향기를 남기고, 그 향기로 영혼을 치료한다

— 오무임 시집 『사과를 깎으며』의 시세계

정 유 지

(시인, 문학평론가)

1. '수사(修辭)의 시대' 부활을 예고하는 메시지

오무임 시인은 경남 울산 출생으로 한국교통대학교 평생교육원 〈쉽고 행복한 글쓰기〉에서 만난 천재 작가 故 이재호 시인의 수제자이다. 그녀는 2008년 충주 사과백일장에서 장원을 수상한 파죽지세(破竹之勢)의 여세를 몰아 2009년 종합문예지 월간 『문학세계』 시 부문 신인문학상에 당선되면서부터 본격적으로 작품 활동을 하였고, 2014년에는 『수필과 비평』 수필 부문에 당선된 독특한 이력의 작가이다. 운문과 산문의 경계를 넘나들며 주옥같은 작품을 생산해내면서 절정의 기량을 과시했을 만큼 무르익은 언어의 경지에 도달해 있다.

문학세계문인회, (사)세계문인협회, (사)한국문인협회,

수필과비평작가회, 충북여성문인협회, 충북수필문학회, 뉘들문학회 등의 회원으로 왕성한 활동을 전개해온 오무임 시인은 한국음악저작권협회 작사가 활동도 병행하며 폭넓은 예술적 보폭을 구가하고 있다. 그러한 활동의 결과로 2012년도 『한국을 빛낸 문인』, 2015년도 『한국 시인 출세작』으로 선정되는 빛나는 발자취를 남겼다. 또한 충주를 알리는 홍보대사로서 손색이 없는 '사과 시인' 이란 닉네임까지 세상에 남겨놓았다. 특히 2009년 월간 『문학세계』 신인문학상 심사평에서 "오무임의 시적 수사는 자연스럽고 노련하다. 그리고 그가 동원한 이미저리는 삶의 아름다운 긍정으로 가득하다. 이러한 능력은 그가 이미 한 사람의 시인으로서 만만찮은 역량을 갖추고 있다는 증좌이기도 하다."라면서 "그리움을 한 껍데기 벗기듯 사과를 깎는 시인의 아름다운 내면을 보여주고 있다."라고 박영교 시인을 비롯한 다수의 심사위원들이 극찬을 아끼지 않았다.

오무임 시인의 시적 세계는 크게 두 가지 경향을 보이고 있다.

첫째, 여성 특유의 섬세한 관찰력으로 빚어낸 선명하고 수려한 시적 안목을 구비하고 있다. 나무의 뿌리뿐만 아닌 숲 전체를 고루 바라보는 시안(詩眼)을 견지한 채, 언어의 꽃밭이 즐비한 아름다운 서정(抒情)의 집 한 채를 만들어내고 있다. 아울러 오무임 시인의 정신세계는 맑고 그윽하다. 일상적 삶에서 발화된 시심을 바탕으로 인간의 한계상황을 무너뜨리며 넘나드는 육화(肉化)된 시어와 정제된 언어들이 인생 깊이 뿌리내리며, 달관과 관조로 점철된 긍정의 시학으로 세상을 활짝 꽃피우고 있다.

둘째, 무한 상상력을 오무임 시인이 스스로 만들어낸 이미지의 호수에 담수해내고 있는 가운데 밤하늘을 밝히는 별빛마저도 끌어들이는 메시아적 세계를 탄생시키고 있다. 더욱이 사과의 고장 충주의 캐릭터(Character)를 활성화시키는 뜨거운 아이콘을 가지고 있다. 어두운 밤하늘을 밝히는 별빛을 그리워하는 풀잎과 같이 그리움과 고독이 물씬 배어나온다. 바람과 안개, 물이 만나면 영혼의 전언이 부딪힌다. 영혼의 전언은 시인의 울림이다. 고요한 호수 속에 잠든 영혼을 감동의 카타르시스(Catharsis)로 깨우고 있다. 오무임 시인은 상상력의 호수에서 일궈낸 감동의 이미지를 생성시켜 아름다움을 남기고, 그 감동의 향기로 길 잃은 영혼을 치유하는 명의(名醫)와 같은 시적 역량을 갖고 있었다.

"따뜻한 시는 차가운 세상을 품는다. 그 따뜻함의 출발점은 수사적 언어에서 비롯된다."

고대 그리스 사람들은 말을 유창하게 잘하도록 해달라고, 칼리오페(Calliope, 음악과 서사시 · 웅변의 여신)에게 제를 올렸다. 한국과 같은 나라에서는 도저히 이해할 수 없는 의식이 아닐 수 없다. 말을 유창하게 잘 하게 해달라고 비는 경우는 고대 그리스 시대가 유일하다.

고대 그리스 시대를 관통했던 3대 학문은 '논리학', '문법', '수사학' 이었다. 말의 3대 캐릭터를 지칭한 것이다. 말 속에는 첫째, 날카로운 칼날과 같이 정교한 논리를 통해 상대방을 설득시키거나 심지어 공격하는 촌철살인(寸鐵殺人)의 칼이 숨어 있다. 둘째, 주요 뼈대를 구성하고 일정한 법칙으로 차곡차곡 쌓게 만드는 생각의 설계도가 숨어 있다. 즉, 언어의 구성 및 운용상의 규칙이 있다. 셋째,

맑고 그윽한 향기를 품고 있는 꽃과 같은 모습이 숨어 있다. 딱딱하고 추운 겨울마저 품을 수 있는 따뜻한 화롯불이 숨어 있다. 심지어는 상대방의 마음을 움직이게 만드는 아름다운 소통이 숨겨져 있다. 지금은 논리의 시대보다, 문법의 시대보다, 수사학의 시대가 더 어울리는 추세로 변화하고 있다.

시인은 자신의 전매 특허와 같은 특화된 캐릭터를 구가하고 있다. 바로 '충주 사과 시인' 이란 호칭을 받을 수 있을 만큼, 달콤하고 상큼한 충주 사과를 혼자 다 깎고 있다. 「사과를 깎으며」에서 이를 확인할 수 있다.

나는 지금 사과를 깎으며
내 젊음의 향기를 맡는다
벌레 먹은 사과가 더 맛있다며
흠집 가득한 사과를 요리조리 재단하여
노란 꿀이 섞인 싱싱한 쪽만 잘라 주시던
어머니의 맛까지

나는 지금 사과를 깎고 있지만
세월을 깎고 있는지도 모른다
풋풋한 향을 넘치도록 머금고
삶의 저쪽에서
아직도 나에게 미소 짓고 있는
그를 만나고 싶어서

나는 지금도 사과를 깎는다
작은 사과 한 알을 깎으면서도
넘치도록 피어나는 향수에 젖고

잡힐 듯이 안겨오는 지난 세월에
발갛게 익어버린 너를 만지며
뜨거움을 느낀다

나는 아직도 사과를 깎고 있다
추억 한 껍데기
그리움 한 껍데기
그리고 눈물 한 껍데기를
발가벗은 속살은
아름다운 사랑 덩어리가 되어
내 가슴에 하얀 꽃 피운다

—「사과를 깎으며」 전문

오무임 시인은 충주 사과를 특별한 의미로 바라본다. 근원적 관계인 어머니와의 깊은 사랑을 통해 각인된 아름다운 사과의 미학을 추구하고 있다. 시인은 충주 사과와 같이 새콤한 사과의 맛을 인생의 깊이로 우려내면서 더 나아가 추억과 그리움으로 귀결시키고 있다.

한편, 4월 하순 충북 충주 곳곳을 아름답게 수놓고 있는 장관 중에 하나로 사과 꽃이 가득한 풍경을 빼놓을 수 없다. 화려하게 자태를 뽐내고 있는 사과 꽃의 꽃말은 '유혹'이다. 그 달콤한 향기에 취하면 전장으로 떠나는 장수조차 칼을 내려놓고 갑옷을 벗을 만큼 치명적 향기에 마음도 벌써 무장해제 당하고 만다.

일반적으로 알려진 사과는 '유혹(이브가 에덴동산의 사과를 먹은 사실을 뜻함)'의 뜻이 통하는 영국의 관례를 따르나, 프랑스에서는 '가장 아름다운 사람에게'라는 의미로도 사용된다. 이는 그리스 신화의 헤라, 아테네, 아프로디테 세 여신 앞에 내던져진 황금의 사과를 의미한다.

시인은 이런 사과에 대한 남다른 애정과 세심한 관심뿐 아니라, 「입학식」을 통해 어린아이들도 따스하게 바라보고 있다.

잔뜩 멋을 부린
노란 병아리들
솜사탕이 되어
눈에서 사르르 녹는다
무슨 생각들을
커다란 가방에 가득 담고
두려운 눈빛으로
엄마의 손을 꼭 잡더니
낯선 사람들 속에서도
금방 친해지는 또래들끼리
몸으로 부대끼며 장난질이다

… (중략) …

아이들의 머리 위로
하늘도 기쁜 장난을 치는 걸까
먼 미래의 햇살을
미리미리
눈부시게 쏟아 놓고 있다

—「입학식」 일부

긍정적 시선으로부터 출발하고 있는 시인의 따뜻한 마음은 입학식에 임하는 어린아이들의 머리 위로 '미래의 햇살' 또한 감지해내는 선견지명(先見之明)을 보여주고 있다. 원래 인용된 작품은 월간 『문학세계』 신인문학상 당선작 중에 하나였는데 그 당시 제목은 「병아리 입학식」이었고, 일부 내용도 구체적으로 전개되었다. 그런데 언어의 세공 작업을 통해 심플하게 「입학식」이란 제목으로 압축시켜 놓았고, 전개 내용도 언어의 함축미뿐 아니라 세련된 어법을 첨삭하여 지상에서 가장 순수하고 맑은 언어의 보석으로 형상화시키고 있다.

이렇듯 어린아이들의 천진난만한 웃음을 특유의 시선으로 바라보다가, 남편을 지극히 「간병하는 아내」의 소회를 담아낸다.

모락모락 피어나던
정겨운 대화는 어디로 갔을까
짜증이 넘쳐 진동을 하는 실내에서
그와 나는 단둘이 숨죽이고 있다
설핏 크게 터질까 봐
서로가 조심하는지도 모른다
아직도 먼 이 길은
아픔이 파도를 타고 바위에 부서지듯
그렇게
나는 말 없는 바위가 되어
부딪히는 역할밖에 할 수가 없다
혹여
흩어진 통증이

섣부른 한 마디에
커다란 파도가 될까 봐

—「간병하는 아내」 전문

건강이 극도로 악화되어 병원에 입원한 남편을 위해 말 한마디, 표정 하나하나를 관리해야 하는 아내의 속마음을 잘 그려내고 있다. 더욱이 남편의 병이 깊어지자 병상에서 스스로 말을 절제하면서 빠른 쾌유를 기원하는 묵묵함마저 읽힌다. “그와 나는 단둘이 숨죽이고 있다”와 “서로가 조심하는지도 모른다”와 같은 동반자적 표현에서 유추해 볼 때, 부부에게 닥친 고난을 함께 극복하고자 말을 아끼고 조심하려는 애달픈 부부애가 아닐 수 없다. ‘비극적 황홀’의 심경까지 불러일으킨다. ‘아픔’의 매개체는 초월적 기표인 ‘파도’이고, 그 ‘아픔’을 공유하는 매개체가 바로 ‘바위’임을 부각시키고 있다. 부부는 가장 가까운 거리에 있는 관계이면서, 먼 인생도 함께하는 관계이다. 아픈 표정을 지으면 간병하는 아내가 걱정할까 봐 아프다는 내색도 하지 못하는 것이 남자의 마음이다. 그런 남편의 속내를 헤아리면서 간병하는 아내의 마음이 큰 나무의 뿌리처럼 견고하게 일상적 삶 속에 자리 잡고 있다.

시인은 병상에서 남편을 간병하는 아내의 아픈 단상을 읊조리다가, 시 창작에 몰입하면서 특화된 수준의 「변심」을 건져 올리고 있다.

닫아버린 너의 마음에
뜨겁고 환한 불을 지펴 보려고
불쏘시개를 한 아름 쌓아 놓고

애써 불을 댕겨 본다
무릎 꿇고 엎드려
코가 땅에 닿을 듯 후우 후우
입바람을 불어 보지만
도대체 불이 붙지 않는다

… (중략) …

시여, 내 영혼의 빛이여
너는 언제쯤이나
나와 함께 불이 되려는가

—「변심」 일부

변심(變心)은 한 마디로 '마음이 변하는 것'을 말한다. 남녀관계에서 변심이란 말이 흔히 통용되고 있으나, 여기서 시인이 말하고 있는 변심이란 '시와 한 몸이 되어 영혼의 불꽃을 꽃피우고 싶은 간절한 마음'이다. 시인의 고뇌와 절실함이 묻어나고 있는 삶 가운데, 이를 치열한 자기 반성과 수련 과정을 통해 한계상황을 극복하고 있는 시인의 강한 의지도 엿보인다. 시인으로서 치열함은 바로 절망과 고독을 친구처럼 곁에 끼고 살아야 비로소 얻어지는 법이다. 끊임없이 절망하면서 언어를 조탁해 갈고닦는 시적 내공이 읽힌다.

세기의 팜므파탈 루 살로메(Lou Andreas-Salomé)는 "여자는 사랑 때문에 죽지는 않는다. 그러나 사랑의 결핍에 의해 서서히 죽어간다."라는 명언을 남겼다. 여기서 '사랑의 결핍'을 '수사의 결핍'으로 바꿔 현대적 의미로

재해석하면 어떨까. 수사는 따뜻한 마음의 표출이다. 날카롭게 찔러대는 칼과 같은 논리, 언어의 난립을 일정한 과학적 틀로 지켜내는 방패 역할을 하는 문법은 한국의 인문사회학을 움직이는 하나의 흐름이었다. 칼과 방패는 전쟁이 끝나면, 무용지물이다. 칼과 방패 때문에 망연자실한 풀잎의 가슴을 어루만져줄 따뜻함이 필요하다.

2. 가족애의 따뜻함을 전하면서, 추운 겨울마저 품는다.

오무임 시인은 고매하고 수려한 나무다. 벌과 나비를 가리지 않는 아름다운 꽃이다. 향기를 퍼뜨리며, 벌과 나비가 언제든지 마음껏 태양을 등지고 날아오게 만든다. 꽃은 저마다 특유의 꿀샘을 가지고 있는데, 그 꿀을 나눠줄 준비가 되어 있다. 벌과 나비의 방문은 곧 열매를 맺게 하는 결과를 남긴다. 그러므로 꽃은 향기를 통해 벌과 나비를 불러들이는 것이다. 벌과 나비도 그 향기에 취한다. 모든 나무는 꽃을 피운다. 그 순간 향기를 토해 세상을 따뜻하게 품는다. 그 향기는 벌과 나비의 발길을 머물게 만든다.

특히 오무임 시인의 삶은 고요한 자작나무숲과 같다. 신선한 피톤치드를 내뿜으며 치유의 삶을 상징하는 자작나무는 시인의 캐릭터를 갖고 있다. 맑고 고운 자연의 무늿결을 생성해내면서 자신을 낮추고 비워내는 삶을 지향한다. 시인이 나비라면, 향기가 있는 꽃은 따뜻함이 출렁이는 시적 대상일 것이다. 시인은 사물이 하고 싶은 말을 대신 전해주는 존재다.

나비처럼 언제나 고고함을 추구하던 시인도 갑자기 그 자리에 털썩 주저앉는 순간을 경험한다. 온 국민을 가장 안타

깝게 만들었던 사건, 바로 「세월호」에 대한 슬픈 기억이다.

차가운 물속에서
친구들의 목소리가 들려요
엄마와 아빠의 모습이 보입니다
시간이 흐르면서
구원의 손길은 보이지 않아요

배가 고파요
추워서 정신이 없어요
아직
우리들의 살려 달라는 목소리가
들리지 않은 것인가요

—「세월호」 일부

세월호(世越號) 관련 사건을 모티프(Motif)로 삼고 있는 가운데, 세상에 다 피지 못한 꽃들의 아우성을 대변해주고 있다. 세월호 침몰 사고는 2014년 4월 16일 오전 8시 50분 경 전남 진도군 조도면 부근 해상에서 청해진해운 소속의 인천발 제주행 연안 여객선이 전복된 사고이다. 수학여행 가던 안산 단원고 학생을 비롯해 탑승객 476명 가운데 295명이 사망했다. 2014년 8월 프란치스코 교황이 한국을 찾아 세월호 유가족을 직접 위로했다. 오무임 시인도 세월호 노란 리본 캠페인을 대신하여 희생자들에게는 조의(弔意)를, 유족들에게는 끝없이 밀려오는 파도처럼 위로의 전문을 보내고 있는 것이다.

파도는 망망대해(茫茫大海)를 죽지 않고 지켜내는 영혼

의 등대이다. 등대는 거친 파도조차 가슴으로 쓸어 담는 포용도 갖고 있다. 파도는 바람을 타고 간다. 파도와 바람은 운명 공동체이다. 물의 힘을 담보하고 있는 파도는 바람의 날개를 달고 영원히 죽지 않는 영혼의 소리를 낳지만, 그 소리의 꽃을 하얗게 피워 올렸던 파도 역시 결국 연어의 생애처럼 갯벌 위의 하얀 흔적으로 사라지게 된다. 바다라는 거대한 형체로 사라져 버린 295명을 추모하면서 결국 파도의 전언으로 그들의 희생을 기억하며 재생시키고 있는 것이다.

세상과의 뜨거운 마찰은 곧 소통으로 이어진다. 그 소통의 순간은 만남을 인연으로 만드는 짭짤한 믿음이 파도처럼 떨어질 때 가능하다. 어디 떨어지는 것이 파도뿐이랴. 시인은 떨어지는 낙엽을 바라보며, 가슴 한복판에서 불어오는 바람소리에서 귀 기울인다.

스쳐 지나가버린 인연에도
낙엽은 있었겠지요
바람에 이끌려
수없이 구르다가
끝내는 밟혀 뭉그러지고
가을이 흘린 눈물에 흠뻑 젖은 채
땅속으로 잔잔히 스며들어
어느 한 뿌리 끌어안고
사랑에 빠져버린
그런 낙엽 있었겠지요

—「낙엽의 꿈」 전문

인용된 시는 원래 시인이 2009년도에 지면을 통해 「낙엽」이란 제하로 발표했다. 위 작품이 세상에 발표되었을 때, "남들이 낙엽이라고 말할 때, 예쁘게 물든 단풍"이라 표현한 수작(秀作)으로 평가받은 적이 있었다. 당시에는 "낙엽이라고 말하기보다 / 예쁘게 물든 단풍이라 할 만한" 내용들이 마지막 행을 떠받쳐주는 중심축을 구성하고 있었다. 그러나 시인은 본 시집에서 "사랑에 빠져버린"이란 성숙하고 아름다운 시어로 마무리함으로써 변신을 시도한 것이다. 동시에 자연의 이치를 발견한 노장철학(老莊哲學)과 그 맥을 같이하고 있는 것이다.

낙엽(落葉)은 나무나 꽃으로부터 이미 떨어진 잎을 의미한다. 그렇다면 낙엽이 생기는 원인은 무엇일까. 첫째, 몸속에 들어 있는 물이 몸 밖으로 빠져나가지 못하게 하기 위함이다. 고독의 계절이 깊어가면서 기온이 떨어지고 공기 중의 물기가 점차 없어지면서 식물에 들어 있는 물이 더 빨리 빠져나가 잘 자랄 수 없게 되기 때문이다. 둘째, 잎이 자연적으로 죽는 현상 때문이다. 사람이 늙어 죽는 것처럼 잎이 늙게 되면 세포를 이루고 있는 구성성분이 없어져 낙엽이 만들어진다.

이처럼 시인은 낙엽이라는 현상을 성숙된 자세로 자연스럽게 받아들이면서 어머니에 대한 남다른 기억도 드러내고 있다. 「어머니의 핸드백」에서 확인할 수 있다.

구슬이 촘촘히 박힌
그냥 그런 핸드백을
어머니는 아끼고 아끼신다
며느리가 생신날에
선물했다며

온 동네 친구들에게
자랑하시던 그 핸드백을 들고
어머니 오늘도 마실 나가신다

장터 나들이 가셔도
입이 닳도록 자식 자랑 며느리 자랑
구슬 핸드백 하나 깃발처럼 들고
어머니 오늘도 저 햇살 속으로 걸어가신다

어머니 뒷모습 한 자락에도
나는 자꾸만 눈이 부시고

—「어머니의 핸드백」 전문

인용된 작품에 등장하는 핸드백은 가족의 사랑을 연결하는 시적 장치이자, 도구이다. 더불어 외부와 접촉할 때마다 며느리에 깊은 관심과 세심한 배려를 표출하는 수단인 것이다. 며느리 자랑이 곧 자식 자랑으로 연결되어, 화목한 가족애를 대변하는 상황까지 연출되고 있다. 고부간의 갈등 때문에 부부싸움이 일어나고 심지어는 부부간의 결별까지 나아가는 현 세태 속에서 어머니는 현명하게 핸드백이란 시적 대상을 통해 며느리를 칭찬하고 아껴주는 배려의 언어를 표현하고 있다. 핸드백이란 선물을 받고 다시 상대방을 더 치켜세워주는 배려의 옷을 되돌려주고 있는 것이다. 어머니는 인생의 연륜을 통해, 긍정의 미학이 몸에 배어 있는 존재다. 칭찬의 말은 아무리 자주 하더라도 모자람이 없다. 결국 그 칭찬의 세레모니(Ceremony)는 소문이란 '발 없는 말'에 의해, 다시 며느리의 귀에 돌아가게 됨을 알고 있는 고수의 행위이다.

"상대방을 고려한 언어 · 상대방이 들으면 들을수록 기뻐하고 좋아할 언어를 표현하는 일은 상대방에게 최고로 잘 맞는 명품의 옷을 선물한 것과 같고, 심지어 상대방에게 명품의 옷을 코디한 화자(話者) 자신도 부메랑 효과와 같은 고품격의 명품 옷을 동시에 입게 된다."

보통의 말은 음성 기호나 문자 기호로 나타나는 사고(思考)의 표현 수단 또는 그 체계를 말한다. 말은 상대방의 캐릭터를 고려한 맞춤식 정장처럼 섬세하게 코디해서 입히는 옷과 같고, 심지어는 시인 스스로 코디해서 입는 옷과 같다. 상대의 입장을 배려한 말, 상대방이 들으면 들을수록 기뻐하고 좋아할 언어를 통해 상대방은 시어머니를 잘 모시는 아름다운 효부가 되기도 하고, 어머니를 극진히 공경하는 아들이 되기도 한다. 또한 상대방을 배려한 가운데, 표출되는 말의 경우엔 경직된 분위기를 부드럽게 만드는 꽃과 같은 품격을 가질 수 있으며, 그 수위에 따라 다양한 향기를 동반할 수 있다. 뿐만 아니라 소통의 시그널(Signal)을 가동할 수 있다.

최근 언론 매체를 통해 보도된 바 있는 비정한 부모에게 버림받은 비운의 '자식 토막 시신 사건'을 접할 수 있었다. 사회적 경종을 불러일으키는 충격적 뉴스 그 자체였다. 인성을 갖추지 못한 부모의 경우, 자식을 낳는다는 것이 얼마나 더 큰 문제점을 야기할 수 있는지를 여실히 보여주는 대목이다. 이에 따라 모성애 및 부성애 부재 현상을 극복할 수 있는 수사(修辭)가 필요했다. 며느리가 시어머니를 위해 구슬 핸드백을 선물하고, 시어머니는 다시 고마움을 칭찬의 말을 통해 피드백하고 있는 가족애야말로 감성 치유의 수사적 표현이라 할 수 있다.

시인의 시선은 시어머니로부터 시작하여, 지아비인 남편에게로 옮겨진다.

시가 한 줄 웃고 있다
남편이 보낸 문자 편지다
사랑이 묻어나는 한 자 한 자가
내 삶의 주름을 다림질한다
그 여름 내내
쉴 새 없이 뜀박질하던
심장의 박동 소리가
이제 잠을 자려나 보다
가을을 걸어가는 그의 음성이
이른 봄날의 햇살이 되어
내 안을 누비고 있다
조금 더 일찍 그 햇살이 내렸다면
아마
지금의 이 따뜻함을
알지 못했으리라
구름 속의 햇살 하나
이렇게 깊은 골을 메울 줄이야
그래, 살다 보면
이런 날도 있는 것을

—「손전화」 전문

남편의 문자를 "시가 한 줄 웃고 있다" 또는 "구름 속의 햇살 하나"로 진솔하고 소박하게 받아들일 수 있다면, 이 어찌 금슬 좋은 부부라고 하지 않을 수 있을까. 부드럽고 따뜻한 마음은 추운 겨울조차 품는다. 서정의 집 한 채를 만드는 힘까지 발휘한다.

아울러 시인은 「아버지와 아들」의 모습에 심취해 있다.

가을이 무르익는 무술공원
아버지와 아들이 자전거를 탄다
아버지의 시선은 온통 아들의 곁에서 머문다
아들은 질주에 정신이 없고
아비는 아들이 다칠세라 정신이 없다
산책을 나온 눈들이 힐끔거린다
자전거 바퀴에 이야기들을 채우고
그렇게 부자는 돌고 있다

—「아버지와 아들」 전문

아들은 아버지를 닮기 마련이다. 아버지의 넓고도 깊은 사랑은 아들의 가슴속에 새록새록 자란다. 지극정성 자식을 키우는 아버지와 똑같은 심성의 소유자로 자라게 만든다. 사랑을 받은 자가 사랑을 베풀기 마련이다. 사랑도 받지 못한 자가 사랑을 베풀 수 있다면 이는 엄청난 노력의 결과로밖에는 설명할 길이 없다.

단풍이 물든 무술공원에서 '자전거'는 아버지와 아들을 연결하는 무한 신뢰와 소통의 수단으로 부각된다. 아버지는 아들이 세상에 완전하게 홀로 서기 전까지 무한 질주를

인정하지 않고, 행여나 다칠까 봐 아들의 주행 모습에 몰입한다. '아들은 곧 나' 라는 무의식이 작용하고 있는 것이다. 지고지순한 부성애(父性愛)를 그려내고 있다.

시인은 이성과 감성의 경계를 무너뜨리며 오히려 적절하게 구사하는 초월적 존재이다. 우리 시대의 따뜻함을 그려내며 방황하는 영혼을 치유하는 힘을 갖고 있다. 감동의 언어로 죽어가는 영혼을 보듬는 명의(名醫)가 되기도 한다. 한 번이라도 따뜻함을 느끼면 맑은 영혼을 구가할 수 있다. 이 때문에 시인은 이 시대의 마지막 메시아적 존재다.

시인들은 오감을 통해 사물의 본질을 밝혀내는 존재 즉, 정밀한 시안(詩眼)을 가진 전지적 존재이다. 창조적 상상력을 통해 사물이 하고 싶은 말을 대변해주기도 한다. 이들은 소리 높여 굴곡진 세상을 향해 돌직구를 날리며 경종의 메시지를 보낸다. 무생물을 되살리는 활어(活語)의 미학 역시 가지고 있다. 활유법을 동원하여 무생물일지라도 새로운 생명을 부여하는 신성한 작업도 마다하지 않는다.

오무임 시인은 가족의 따뜻함을 세상에 전하면서, 감동의 꽃을 피워 아름다움을 남기고 그 향기로 방황하는 영혼을 치료하고 있다. 가족이라는 단란한 과수원 속에서 달콤하고 부드러운 사과 꽃향기를 세상에 남겼다. '시어머니-남편-아내-자식' 간의 폭넓은 그림을 선명한 필체로 아우르는 사랑의 메시지를 담아내고 있는 것이다. 한마디로 가족애의 스펙트럼을 선보이고 있다.

시인의 하루는 범부(凡夫)의 일생에 비유할 수 있을 만큼 전지적 삶과 같다. 시인은 감동의 향기를 남길 줄 아는 꽃이다. 그 감동의 흔적으로 방황하고 신음하는 영혼들을 치료하고 있는 것이다.

문학세계대표작가선 765

사과를 깎으며

오무임 시집

인쇄 1판 1쇄 2016년 4월 13일
발행 1판 1쇄 2016년 4월 20일

지 은 이 : 오무임
펴 낸 이 : 김천우
펴 낸 곳 : 도서출판 천우
등 록 : 1992. 2. 15. 제1-1307호
주 소 : 서울시 성동구 무학봉28길 6 금용빌딩 2F
전 화 : 02)2298-7661
팩 스 : 02)2298-7665
http://www.moonhaknet.com
E-mail : chunwo@hanmail.net

값 8,000원

* 저자와의 협의에 따라 인지는 생략합니다.

* 이 책(인쇄물)은 충북문화재단 창작지원금으로 제작되었습니다.

ISBN 978-89-7954-623-1

이 도서의 국립중앙도서관 출판예정도서목록(CIP)은 서지정보유통지원시스템 홈페이지(http://seoji.nl.go.kr)와 국가자료공동목록시스템(http://www.nl.go.kr/kolisnet)에서 이용하실 수 있습니다. (CIP제어번호: CIP2016006575)